Kleiner
Schutzengel

ars≡dition

Es wird ein Engel dir gesandt,
um dich durchs Leben zu begleiten.
Er nimmt dich liebend an der Hand
und bleibt bei dir zu allen Zeiten.
Er kennt den Weg, den du zu gehen hast,
und trägt mit dir der Erde Leid und Last.

Karl May *(1842–1912)*
Deutscher Schriftsteller

Jeder Mensch
hat seinen *Engel*.

Rudolf Steiner *(1861–1925)*
Österreichischer Philosoph

Gleich von Geburt an begleitet
einen jeden ein Schutzgeist,
der unbemerkt sein Leben leitet.

Menander *(342/341–291/290 v. Chr.)*
Griechischer Dichter

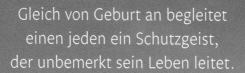

Die *Engel* sind uns ganz nahe
und schützen uns
und Gottes Kreaturen
in seinem Auftrag.

Martin Luther *(1483–1546)*
Deutscher Theologe

Nichts in der Welt ist für sich allein.
Alles ist durch ein göttliches Gesetz
miteinander verbunden.

Percy Bysshe Shelley *(1792–1822)*
Britischer Schriftsteller

Die Schutzengel unseres Lebens
fliegen manchmal so hoch,
dass wir sie nicht mehr sehen können,
doch sie verlieren uns
niemals aus den Augen.

Jean Paul *(1763–1825)*
Deutscher Schriftsteller

Wer Vertrauen hat,
erlebt jeden Tag ein Wunder.

Epikur *(341–271 v. Chr.)*
Griechischer Philosoph

Der Mensch kann *Wunder*
nur erleben, wenn er bereit ist,
sein Herz und seine Augen
für sie zu öffnen.

Augustinus von Hippo *(354–430)*
Philosoph der Spätantike

Man muss im *Ganzen*
an jemanden glauben,
um ihm im Einzelnen wahrhaft
Zutrauen zu schenken.

Hugo von Hofmannsthal *(1874–1929)*
Österreichischer Schriftsteller

Eine Seele ist nie ohne Geleit der Engel,
wissen doch diese erleuchteten Geister,
dass unsere Seele mehr Wert hat
als die ganze Welt.

Bernhard von Clairvaux *(1090–1153)*
Französischer Abt

Seele

*W*ir können die Engel
nicht sehen, aber es ist genug,
dass sie uns sehen.

Charles Haddon Spurgeon *(1834–1892)*
Britischer Theologe

Bedenke, dass du auch auf
einsamen Wegen nie allein gehst.
Wenn du an Gott denkst und lauschst,
hörst du den Schritt der Engel.

Irische Weisheit

Jedes Geschöpf ist mit einem
anderen verbunden und jedes Wesen wird
durch ein anderes gehalten.

Hildegard von Bingen *(1098–1179)*
Deutsche Mystikerin

Der Engel behütet dich von allen Seiten
und lässt nichts unbeschützt.

Basilius der Große *(330–379)*
Kappadokischer Bischof

Bleibt, ihr Engel, bleibt bei mir!
Führet mich auf beiden Seiten,
dass mein Fuß nicht möge gleiten.

Aus der Kantate »Es erhub sich ein Streit«
Picander *(1700–1764)*
Deutscher Dichter

Mache dich mit Engeln vertraut
und betrachte sie oft im Geiste;
denn auch wenn man sie nicht sieht,
sind sie doch bei dir.

Franz von Sales *(1567–1622)*
Französischer Mystiker

Von allen Gefährten,
die mich begleiteten,
ist mir keiner so treu geblieben wie
der Schutzengel.

Clemens Brentano *(1778–1842)*
Deutscher Schriftsteller

treue

Wenn wir uns umarmen,
gleichen wir den Engeln und können fliegen.

Unbekannt

Engel sind reine Gedanken Gottes,
beflügelt von Wahrheit und *Liebe*.

Mary Baker Eddy *(1821–1910)*
US-amerikanische Theologin

*Ich glaube daran, dass wir –
innerhalb gewisser Grenzen –
frei sind, und doch ist da
eine unsichtbare Hand,
ein führender Engel,
der uns irgendwie antreibt.*

Rabindranath Tagore *(1861–1941)*
Bengalischer Dichter

Es wird ein Engel dir gesandt,
dem sollst du dich gern anvertrauen.
Auf ihn soll stets und unverwandt
das Auge deiner Seele schauen.
Er trägt zu deinem Schutz
das Schwert des Herrn
und ist dir nie mit seiner Hilfe fern.

Karl May *(1842–1912)*
Deutscher Schriftsteller

Nicht so, wie sie sind,
erscheinen die Engel,
sondern so, wie die *Sehenden*
sie sehen können.

Johannes von Damaskus *(um 650–um 754)*
Syrischer Theologe

Vergiss, o Menschenseele, nicht,
dass du Flügel hast!

Emanuel Geibel *(1815–1884)*
Deutscher Lyriker

Wer zuversichtlich ist, dem wachsen Flügel.

James Matthew Barrie *(1860–1937)*
Schottischer Schriftsteller

Leb so, dass, wenn du strauchelst,
Engelshand dich führen mag zum Ziel,
das dir entschwand.

Hafis *(um 1320–um 1389)*
Persischer Dichter

Jedes sichtbare Ding
auf der Welt steht unter der Obhut
eines Engels.

Emanuel Geibel *(1815–1884)*
Deutscher Lyriker

Vertrauensselig – ein schönes *Wort.*
Vertrauen macht selig den,
der es hat, und den, der es einflößt.

Marie von Ebner-Eschenbach *(1830–1916)*
Österreichische Schriftstellerin

Im festen Glauben,
immer einen treuen unsichtbaren Begleiter
an deiner Seite zu haben, wirst du deine
Hoffnung nie verlieren.

Papst Johannes Paul II. *(1910–2005)*

Dein Schutzengel

Dein Engel sei vor dir, um dir
den rechten Weg zu zeigen.
Dein Engel sei neben dir, um dich
in die Arme zu schließen.
Dein Engel sei hinter dir, um dich zu
bewahren vor allem Schaden.
Dein Engel sei unter dir, um dich
aufzufangen, wenn du fällst.
Dein Engel sei in dir, um dich zu trösten,
wenn du traurig bist.

Irischer Segen

In einigen Fällen war es nicht möglich, für den Abdruck der Texte die Rechteinhaber
zu ermitteln. Honoraransprüche der Autoren, Verlage und ihrer Rechteinhaber
bleiben erhalten.

© 2014 arsEdition GmbH, München
Alle Rechte vorbehalten

Cover: Getty Images / Thinkstock
Fotografien Innenteil: Getty Images / Thinkstock: S. 6/7, 12/13, 18, 20/21, 23, 32,
34/35, 36, 40/41, 46/47; www.fotolia.de: S. 2: RomainQuéré, S. 10: Malgorzata
Kistryn, S. 25: Lucian Milasan, S. 26/27: Schnappschützen, S. 45: sonne fleckl;
www.istockphoto.com: S. 4: Manuela Krause, S. 15: Rainbowphoto,
S. 16/17: AZemdega, S. 28: MichaelFindlay, S. 38: Fitzer

Covergestaltung: arsEdition
Grafische Gestaltung Innenteil: Eva Schindler, Grafing

Printed by Tien Wah Press
ISBN 978-3-7607-0525-2

www.arsedition.de